LE GRAND EXPERT EN LEADERSHIP

LE *GRAND* EXPERT *EN LEADERSHIP*

LE GRAND EXPERT EN LEADERSHIP

CONTENU

Chapitre 1: Le gène du leadership

Chapitre 2: Devenir un grand leader

Chapitre 3: Intelligence émotionnelle dans le leadership

Chapitre 4: Bâtir des équipes et des relations fructueuses

Chapitre 5: Gérer efficacement les moments difficiles et les conflits

Chapitre 1: Le gène du leadership

La question du leadership et de la génétique a fait l'objet de discussions et de recherches depuis la création du concept de leadership. Les efforts de recherche se sont concentrés sur l'exploration du lien entre les deux. Les leaders sont-ils nés ou faits? Cela peut sembler un cliché, mais jusqu'à présent, la génétique est toujours considérée comme un facteur majeur dans la formation des dirigeants. Mais tout le monde ne pense pas de la même façon. Il y a peut-être du vrai dans tout cela, mais des facteurs tels que les expériences et la dynamique sociale sont également importants dans le leadership.

Il n'y a pas de facteur unique qui détermine la capacité d'une personne à diriger.

Chaque facteur est important dans une certaine mesure.

Certains scientifiques ont un fort sentiment sur les facteurs génétiques et biologiques et leur relation avec le leadership. L'intérêt pour le lien entre génétique et leadership est déclenché par le fait que des personnes d'une même famille occupent des postes de direction dans la société.

Les Kennedy et la famille Bush en sont deux exemples. Plus que la génétique, la science s'intéresse également aux traits biologiques et physiques que possèdent les dirigeants. Il existe des études qui montrent comment la génétique contribue aux fonctions physiologiques et psychologiques d'une personne. Ces derniers finiront par affecter les traits cognitifs et comportementaux d'une personne, qui déterminent si une personne est apte à diriger. Les hormones et les changements chimiques dans le corps affectent le fonctionnement cognitif d'une personne, un aspect très important du leadership.

Lorsqu'il s'agit de leadership, c'est toujours une question de nature contre nature.

Cependant, les deux sont liés et ne peuvent être séparés.

On ne peut pas discuter du leadership sans considérer les deux en même temps.

Un exemple serait les changements chimiques et hormonaux dans le corps qui affecteront la disposition d'une personne. La disposition affectera l'attitude et le comportement, qui sont d'énormes facteurs dans le leadership.

Un exemple serait une personne souffrant d'un trouble bipolaire.

Les personnes atteintes de troubles bipolaires ont tendance à présenter des sautes d'humeur très marquées, passant facilement de l'euphorie à la dépression. Il existe plusieurs causes de troubles bipolaires, dont les neurotransmetteurs qui sont héréditaires. Vos tendances bipolaires affecteront votre personnalité, ce qui aura une incidence sur votre style de leadership. Cela ne signifie pas que les bipolaires ne sont pas des leaders capables. En fait, il a été rapporté que les plus grands dirigeants du monde étaient bipolaires (par exemple, Abraham Lincoln, Winston Churchill et Napoléon Bonaparte). Cependant, leurs sautes d'humeur dramatiques peuvent avoir des effets négatifs sur leur leadership et sur l'établissement de la confiance avec leurs partisans.

Comme nous l'avons déjà mentionné, les facteurs externes (parentalité) dans le leadership ne peuvent être exclus. Les Kennedy sont peut-être une famille de dirigeants, mais il faut garder à l'esprit que les membres sont exposés au même environnement et aux mêmes valeurs. Ils sont exposés à presque le même groupe de personnes et aux mêmes circonstances. Même si la génétique a joué un rôle important dans leur ascension, on ne peut pas leur enlever le fait qu'ils prospèrent dans un environnement commun. Ils ont été exposés au même genre d'expériences et ont été élevés par le même groupe de personnes qui partagent également les mêmes valeurs. Ils sont également tenus de développer des points de vue similaires sur des questions importantes et peut-être de développer le même style de leadership.

Certains environnements sont propices à la formation de dirigeants. L'environnement joue un rôle très important dans la formation des idéaux, des opinions et des valeurs d'une personne. Si les jeunes enfants sont élevés par des parents qui encouragent un comportement pro-social, les enfants grandiront pour surmonter l'agressivité irrationnelle et former des relations saines avec leurs pairs. Les modèles de rôle comptent pour beaucoup dans la formation des traits de leadership d'une personne. Lorsqu'un enfant est entouré de personnes ayant de fortes qualités de leader, il est probable qu'il absorbe également ces qualités. De même, les enfants entourés de modèles agressifs sont plus susceptibles d'être agressifs. L'agressivité et les compétences sociales sont très importantes en matière de leadership car pour être un leader efficace, l'individu doit être capable de traiter avec les gens. Les dirigeants doivent établir une relation avec leurs collègues et leurs subordonnés.

En général, de nombreux attributs du leadership sont façonnés par des facteurs externes. Même si l'on prétend que les qualités de dirigeant sont inhérentes à une personne, le fait est qu'une personne continuera à se développer de son vivant. Certains traits seront plus développés par d'autres. L'attitude et la personnalité de la personne seront influencées par les gens qui l'entourent. D'autres facteurs environnementaux qui affectent la personne (par exemple, l'atmosphère politique, les conditions économiques, les événements qui changent la vie) détermineront également l'ensemble des traits de leadership qu'elle possédera. Ce sont les expériences formatrices qui peuvent produire un leader.

Les dynamiques sociales auxquelles la personne est soumise sont liées aux expériences formatrices. Par exemple, une femme donnée peut avoir de bonnes aptitudes sociales et une forte conviction, mais ses qualités de leader peuvent ne pas briller pleinement si elle se trouve dans une société où les hommes sont toujours considérés comme le chiffre alpha. Elle peut avoir le potentiel de leader, mais si elle pense que les hommes sont toujours les leaders légitimes, elle ne pourra peut-être pas montrer pleinement ses qualités de leader. La position dans la famille est également un exemple de l'impact de la dynamique sociale sur le leadership. De nombreux fils ainés sont souvent formés pour devenir des leaders, même si tous ne s'avèrent pas être de bons leaders.

Les dynamiques sociales sont des facteurs énormes dans une certaine mesure, similaires à la génétique et aux expériences formatrices. Tous trois contribuent au développement d'un leader.

Certaines personnes peuvent avoir ou non des qualités inhérentes de leader, mais les expériences de vie et les relations auront une incidence sur l'attitude d'une personne.

Les qualités de leadership peuvent être améliorées en cours de route. La croissance et le développement d'une personne sont certainement cruciaux pour déterminer si elle est apte à être un bon leader.

Les styles de leadership varient, mais il doit y avoir des qualités communes aux grands leaders. Ces attributs permettront de mesurer si le dirigeant fait un bon travail pour servir son objectif.

Les bons dirigeants font une bonne première impression, non pas en raison de leurs compétences et de leurs réalisations. Bien qu'elles soient importantes, elles ne sont pas les premières choses que les gens remarquent. Les gens sont attirés par les leaders qui suintent le charisme. Le charisme est un trait très attrayant et inspirant que possèdent de nombreux grands leaders. Il n'est pas facile d'identifier le charisme car il ne peut pas être articulé instantanément. Le charisme est une combinaison de plusieurs choses - la façon dont une personne se tient, se déplace, parle, etc. Les leaders charismatiques ont une vision (qui sera discutée plus tard) et la capacité d'articuler cette vision. Ils doivent également être capables de communiquer avec le plus grand nombre de personnes possible sur le plan émotionnel. Les leaders charismatiques font sentir aux autres qu'ils sont capables de s'identifier à leur situation, ce qui n'est pas très facile à faire. Certaines personnes pensent que le charisme est quelque chose qui ne s'apprend pas. Pour eux, c'est un trait inhérent à chaque personne. Soit vous l'avez, soit vous ne l'avez pas. Mais les penseurs modernes ne sont pas d'accord avec cette mentalité. Ils pensent que les gens peuvent éventuellement apprendre à être charismatiques, en commençant par être polis, courtois et respectueux. Le but est d'être "gentil" et "amical" avec les autres.

Les leaders charismatiques donnent aux autres le sentiment qu'ils sont capables non seulement de comprendre leur situation, mais aussi de s'y référer. Tout le monde n'a pas cette capacité, mais certains sont capables de développer un charisme à travers l'âge et le temps.

Le leadership exige de bonnes aptitudes relationnelles et une sensibilité aux besoins des autres ; il construit également des éléments de charisme. Après tout, le leadership n'existerait pas s'il n'y avait pas de personnes à diriger. Les compétences des gens se construisent sur les petites choses que les gens n'oublient pas. Par exemple, ils apprécient que les nouvelles connaissances se souviennent de leur nom même si elles ne se sont rencontrées que quelques fois. Le charisme peut éventuellement se développer, à condition que la personne se souvienne de faire en sorte que les autres se sentent à l'aise et importants.

Le leadership commence par une concentration et une vision. Les dirigeants ne sont pas tenus d'être des personnes omniscientes, mais ils doivent être pleinement conscients de l'objectif et de la vision de l'organisation qu'ils dirigent. Ce n'est qu'en se concentrant sur un point précis qu'un engagement et une responsabilité forts peuvent être formés. En outre, un dirigeant doit avoir la compétence nécessaire dans son domaine. Là encore, il n'a pas besoin d'être omniscient, mais il doit posséder des connaissances suffisantes dans le domaine pour prendre des décisions judicieuses.

Aucun dirigeant ne peut supporter les défis du leadership sans courage et sans force de caractère. Parmi tous les membres de l'organisation, les personnes qui ont des responsabilités de direction ne peuvent être influencées par rien ni personne. Le dirigeant doit se souvenir de l'objectif et de la vision du leadership dans tout processus décisionnel. Le dirigeant doit avoir suffisamment de courage pour s'opposer à toute chose ou à toute personne qui menace de saper cette vision. Les bons dirigeants s'affirment également pour faire le travail et défendre la vision de l'organisation. Il ou elle doit être suffisamment sûr de lui pour que les gens fassent leur travail.

Les bons dirigeants doivent toujours faire preuve de créativité et d'ingéniosité, car certaines situations les obligeront à sortir des sentiers battus. Tous les problèmes ne peuvent pas être résolus avec des formules classiques et des solutions éprouvées. Ils doivent être suffisamment courageux pour s'éloigner du conventionnel et trouver de meilleures façons de faire les choses.

Enfin, un bon leader doit avoir beaucoup de passion et le sentiment d'avoir droit à ses services.

Le leadership n'est pas un exploit facile, et si un dirigeant essaie de remplir ses fonctions sans aucune passion, il peut ne pas être capable de résister aux défis.

Le leadership est une expérience de montagnes russes et sans passion, le dirigeant peut avoir du mal à accepter les difficultés. Quant au sentiment de servitude, les dirigeants ne peuvent pas diriger s'ils ne savent pas ce que c'est que de servir. De plus, le but du leader est de servir l'organisation et non pas seulement de donner des ordres aux gens.

Dans les chapitres suivants, nous nous pencherons sur ce qui fait un grand leader et sur la manière dont on peut obtenir un statut, malgré les difficultés. Ils aideront également le lecteur à améliorer ses compétences actuelles en matière de leadership et lui donneront une idée de ce qui l'attend en tant que dirigeant.

Chapitre 2: Devenir un grand leader

Les différents dirigeants ont des styles de leadership différents, mais ils doivent tous apprendre à gérer la nature humaine. Ce n'est pas une tâche si facile compte tenu de la diversité de la nature humaine. Les grands leaders ont la capacité de comprendre et de travailler avec des attitudes et des personnalités différentes. Pour être un leader efficace, il faut développer de bonnes compétences sociales afin d'établir des relations avec différents types de personnes. Les compétences humaines sont essentielles pour donner aux gens les moyens d'agir, ce qui est une tâche primordiale dans le domaine du leadership.

L'auteur a choisi deux facteurs principaux à discuter lorsqu'il s'agit de l'autonomisation. La première, l'empathie, est cruciale pour établir des lignes de communication ouvertes entre les personnes au sein d'une organisation. Le second, la motivation, est important pour qu'une équipe soit productive.

Empathie

Un bon leader doit apprendre à sympathiser avec les gens avec lesquels il va travailler. L'empathie est la capacité d'une personne à se soucier et à comprendre les points de vue des autres. L'empathie ne doit pas être confondue avec la sympathie. Lorsque vous sympathisez avec les autres, vous vous identifiez à eux au point d'être d'accord avec les actions et les projets de la personne. L'empathie, c'est ne pas être d'accord avec une personne. L'empathie, c'est être capable de se mettre à la place d'une autre personne et de comprendre ses pensées et ses sentiments.

L'empathie ne signifie pas être toujours d'accord avec la personne. L'empathie consiste uniquement à comprendre le point de vue d'une personne, même sans donner de conseils. Un leader efficace doit faire preuve d'empathie pour les autres.

Il est essentiel pour établir la confiance et renforcer les relations entre les personnes.

La productivité augmente lorsque les personnes qui travaillent ensemble partagent une relation saine. L'empathie permet aux dirigeants de s'attaquer à la cause profonde des mauvaises performances sans être critiques. En se mettant à la place des autres, ils peuvent apporter de meilleurs changements dans la vie des gens.

L'empathie joue un rôle très important dans l'autonomisation des personnes. Vous n'avez pas à être d'accord avec tous les points de vue, mais en tant que leader, vous devez laisser les gens autour de vous réaliser que vous les comprenez et que vous savez d'où ils viennent. Lorsque vous vous approchez des gens, ne laissez pas vos pensées être assombries par un jugement immédiat. Faire preuve d'empathie prend du temps car il n'est pas toujours facile de comprendre pourquoi les gens pensent et ressentent les choses comme elles le font.

En créant un environnement où les gens se sentent à l'aise pour exprimer leurs opinions et leurs pensées, vous pouvez vous ouvrir à une écoute empathique.

Lorsque vous parlez aux gens, assurez à l'orateur que vous avez toute leur attention. Lorsque les gens sont sur le point de se confier à leurs problèmes, ils se sentent plus à l'aise lorsqu'ils sont assurés de recevoir toute l'attention nécessaire. Écoutez l'orateur avec un esprit et un cœur ouverts. Résistez à la tentation de le juger. Cela peut être difficile au début car les préjugés sont presque inévitables, mais la conscience que vous avez votre propre ensemble de préjugés devrait vous aider à éviter de porter des jugements sur-le-champ.

Évitez d'interrompre l'orateur à tout moment, même si vous êtes très contrarié par quelque chose. N'ayez pas peur des moments de silence. Une fois que l'orateur a fait part de ses réflexions, une brève pause lui permettra de donner un sens à la situation et de trouver sa propre solution. Pendant que l'orateur parle, n'écoutez pas seulement les mots qui sortent de la bouche.

Donnez un sens aux émotions qui accompagnent ces mots. Plus que des mots, vous devez être capable de répondre aux émotions de l'orateur. Demandez à des personnes pertinentes et sensées d'assurer à l'orateur qu'elles sont intéressées et veulent comprendre. Souvent, l'orateur sera plus à l'aise avec un simple effort et un geste.

Motivation

Un bon leadership implique certainement des compétences supérieures en matière de motivation. L'autonomisation des gens consiste en partie à les motiver et à les faire bouger. En tant que dirigeant, il est important de savoir ce qui motive les gens autour de vous.

Il va sans dire que la motivation va de pair avec l'empathie. Chaque personne a des aspirations, des rêves et des intérêts différents. Un bon leader doit en tirer parti pour faire bouger chaque membre du groupe. Les gens travaillent pour de nombreuses raisons: revenus, épanouissement personnel, croissance, etc.

Le chef doit s'efforcer de parler individuellement aux membres de son équipe pour connaître la ou les sources de motivation de chacun.

L'idée fausse que se font la plupart des dirigeants est que tous les membres de l'équipe sont motivés par les mêmes facteurs. Certains membres peuvent partager les mêmes aspirations, mais cela ne s'applique pas toujours à tout le monde. La motivation peut être très personnelle, ce qui fait qu'il est difficile pour des dirigeants inexpérimentés de motiver chacun des membres de l'équipe. En matière de motivation, il n'existe pas de "taille unique".

Les formes les plus courantes de motivation viennent de l'intérieur, également appelée motivation interne. La motivation vient de l'intérieur, les dirigeants doivent donc maintenir de bonnes lignes de communication avec leurs membres afin de déterminer ce qui motive chaque membre de l'équipe. Il existe des facteurs externes qui motivent une personne, mais ces facteurs doivent également s'harmoniser avec les facteurs internes de motivation. Dans une organisation de bureau, la motivation la plus courante serait le salaire, mais les bons dirigeants savent que quelque chose de plus profond que l'argent motive les gens. Par exemple, pourquoi les gens sont-ils désireux de gagner de l'argent ? Ont-ils une famille à faire vivre ? Économisent-ils pour l'école ? Ces motivations sont quelque chose qu'un dirigeant peut explorer lorsqu'il s'entretient personnellement avec les membres de son équipe. Les gens sont motivés lorsqu'ils se fixent des objectifs très personnels, en dehors du but à atteindre dans l'organisation.

Les êtres humains ne sont pas statiques. Ils s'épanouissent grâce à des défis et des encouragements constants. Les gens doivent se voir confier des tâches de plus en plus difficiles mais toujours réalisables. Leurs tâches devraient les rendre fiers d'avoir relevé des défis, petits ou grands. Leurs tâches doivent être stimulantes mais réalisables. Veillez à leur donner un feed-back constant sur leurs performances afin de leur donner un sentiment d'accomplissement et un aperçu de leurs performances. L'une des sources de motivation les plus faciles est la louange et la reconnaissance. Les gens sont plus motivés à travailler lorsque leurs réalisations et leurs efforts sont reconnus. Cependant, il faut faire attention à la reconnaissance. Reconnaissez les réalisations d'une personne mais ne le faites pas d'une manière qui suscite l'envie et une concurrence malsaine entre collègues.

En ce qui concerne les défis, une autre source de motivation pour de nombreuses personnes est une tâche qui permet d'étancher leur soif de connaissances. Les gens ont besoin d'être exposés à un environnement où leur curiosité est satisfaite.

Rendre leur environnement de travail plus intéressant pour éveiller la curiosité et encourager l'apprentissage également.

Un dirigeant doit constamment découvrir ce qui motive les membres de son équipe, en tant que groupe et en tant qu'individus. Les bons dirigeants ne se contentent pas de demander directement à leurs membres ce qui les motive, car tout le monde ne s'en rend pas compte tout de suite. Les bons dirigeants doivent plutôt explorer les valeurs de chaque individu.

Cela leur donne une vision plus personnelle de leur vie, ce qui permettra de découvrir plus facilement ce qui les motive.

Permettre à chaque membre de l'équipe de fixer ses propres objectifs, en ne lui rappelant qu'occasionnellement de concevoir ses buts en fonction de l'objectif collectif de l'organisation. Cela leur donnera le sentiment de contrôler leur vie, ce qui est un facteur de motivation très important pour beaucoup de gens. En leur permettant de fixer leurs propres objectifs, on leur permet d'examiner de plus près comment leurs actions influeront sur leurs propres objectifs.

Vous pouvez également utiliser le travail de groupe ou le travail d'équipe comme facteurs de motivation. Elles sont efficaces pour les personnes qui aiment travailler en groupe. Cela permettra d'améliorer la coopération et les relations au sein de l'équipe. En outre, les gens sont plus susceptibles d'être motivés lorsqu'ils savent que leurs propres actions affecteront le bien-être des autres. La coopération sera plus efficace et renforcera les relations entre les membres.

Les bons dirigeants savent aussi comment faciliter un environnement compétitif pour motiver les gens. Cette tactique est utilisée dans presque tous les types d'organisations. Une saine concurrence stimulera la productivité des gens, car le fait de gagner un concours donne un sentiment d'accomplissement. Les leaders efficaces apprendront à utiliser la compétition pour motiver tous les membres de l'équipe.

Dans la mesure du possible, les dirigeants doivent encourager chaque membre à rivaliser avec ses propres performances (même s'ils sont en concurrence avec d'autres). Les dirigeants doivent également s'assurer que la compétition en vaut la peine, même en cas de défaite. Les dirigeants doivent veiller à ne pas impliquer leur équipe dans une lutte de pouvoir dans laquelle chaque membre devient un manipulateur des autres juste pour gagner une compétition.

Comme nous l'avons déjà mentionné, les motivations varient d'une personne à l'autre.

Il faut donc cultiver une relation personnelle avec chaque employé afin de tester les différents facteurs qui pourraient le motiver. Par exemple, certaines personnes sont motivées par la concurrence tandis que d'autres ne travaillent pas bien sous pression. Il peut s'agir d'un processus de type "hit or miss", mais vous finirez par trouver la motivation de chacun. Gardez les lignes de communication ouvertes quant à la façon dont chaque individu réagit aux facteurs de motivation.

Obtenez un retour d'information régulier et constatez que les membres de votre équipe sont motivés.

Il est également important de surveiller vos membres pour déceler des signes de démotivation. Dégagez autant que possible l'espace de bureau de tout facteur démotivant. Maintenez une relation saine entre vous et vos membres. Vous devez également veiller à ce que les membres entretiennent des relations harmonieuses entre eux. Les gens sont plus productifs lorsqu'ils entretiennent de bonnes relations avec leurs dirigeants et leurs collègues.

Enfin, il faut s'assurer que les objectifs collectifs et individuels sont atteints.

En conclusion, le leadership et l'autonomisation des personnes consistent à comprendre leurs désirs les plus profonds et à les aider à fixer des objectifs qui sont également alignés sur l'objectif collectif de l'organisation. Il est très important pour un dirigeant de rassurer ses membres sur leur appartenance à une organisation où même leurs objectifs et aspirations personnels sont hautement valorisés.

Chapitre 3: Intelligence émotionnelle dans le leadership

Le leadership ne peut avoir lieu lorsque le dirigeant n'a pas suffisamment d'intelligence émotionnelle. Un leader doté d'une intelligence émotionnelle suffisante peut surmonter des défis de leadership difficiles que peu de gens peuvent relever.

Des études menées ces dernières années indiquent que les personnes dotées d'une grande intelligence émotionnelle sont plus aptes à gérer les conflits organisationnels de manière plus efficace et plus rapide. L'époque où l'intellect pur était rapidement assimilé à un bon potentiel de leadership est révolue.

L'intelligence émotionnelle est la capacité d'une personne à reconnaître et à gérer ses propres émotions ainsi que celles des autres. Les émotions peuvent fluctuer en raison des changements hormonaux, du stress et des situations imprévues qui surviennent, mais une bonne dose d'intelligence émotionnelle aidera une personne à faire face efficacement aux changements émotionnels.

Les gens ont des personnalités, des besoins et des préférences différents. De même, les gens ont des façons différentes de gérer les situations et d'exprimer leurs émotions. Une forte intelligence émotionnelle est nécessaire pour faire face aux différentes personnalités. Les gens peuvent ressentir différentes émotions en même temps et, dans la plupart des cas, le défi consiste à pouvoir gérer les différentes émotions des gens sans provoquer de conflits et de tensions dans les relations.

Lorsqu'une personne possède une intelligence émotionnelle suffisante, elle est capable de reconnaître ses propres émotions et la façon dont elles affectent les personnes qui l'entourent.

L'intelligence émotionnelle est également la capacité d'une personne à comprendre ce que ressent une autre personne. Il va sans dire que l'intelligence émotionnelle est nécessaire pour gérer les relations.

Dans une organisation, les personnes qui restent plus longtemps ont tendance à avoir une grande intelligence émotionnelle. En fait, une intelligence émotionnelle élevée est préférée aux personnes ayant un QI élevé mais une intelligence émotionnelle faible.

Il est facile de travailler avec des personnes à forte intelligence émotionnelle par rapport à celles à faible intelligence émotionnelle. Une intelligence émotionnelle élevée permet aux gens d'accomplir des choses en cultivant de bonnes relations. Ils peuvent garder la tête hors de l'eau même dans des situations stressantes. Les personnes émotionnellement intelligentes ne sont pas à l'abri de l'agitation ou du stress. Cependant, ils peuvent facilement contrôler la situation et chercher une solution aussi calmement que possible. Ils sont donc obligés de prendre de bonnes décisions parce qu'ils gèrent bien leurs émotions dans le processus de décision.

Parce que les personnes émotionnellement intelligentes sont sensées, elles n'ont pas une trop haute ou une trop basse opinion d'elles-mêmes. Ils connaissent leurs forces et leurs faiblesses. Ils utilisent leurs forces lorsque c'est nécessaire, mais ne les montrent pas en excès. De même, ils sont assez humbles pour se regarder honnêtement et reconnaître leurs faiblesses. Les personnes émotionnellement intelligentes ne succombent pas facilement aux critiques. Ils peuvent prendre la critique objectivement et l'utiliser pour améliorer leurs performances.

Les personnes émotionnellement intelligentes sont de bons joueurs d'équipe car elles se concentrent uniquement sur leur propre succès. Les personnes à forte intelligence émotionnelle recherchent le succès pour l'ensemble du groupe et sont prêtes à changer leurs propres intérêts et caprices pour toute l'équipe. Ce sont de bons auditeurs empathiques, capables de lire les émotions et les sentiments des gens. Ils ne jugent pas non plus immédiatement. Ils essaient de se mettre à la place des autres avant d'arriver à résoudre un conflit dans les relations.

Les attributs ci-dessus font des personnes émotionnellement intelligentes de bons gestionnaires de personnes et de relations.

Intelligence émotionnelle et leadership

Il est certain que des compétences fines et exceptionnelles sont des atouts précieux dans une organisation. Il est difficile d'ignorer une personne dont l'intelligence et le talent sont éhontés. Cependant, les critères d'un bon leader vont au-delà des compétences et du talent. Pour rester dans une organisation, une personne a besoin de beaucoup d'intelligence émotionnelle. C'est très vrai, surtout si la personne aspire à diriger un jour une organisation. Le leader a de nombreuses responsabilités qui nécessitent plus que des compétences et du talent. Toutes les responsabilités qui vont de pair avec le leadership ne peuvent être bien assumées que si le dirigeant est doté d'une intelligence émotionnelle.

Le leadership est une activité sociale. Les dirigeants doivent continuellement nourrir leur intelligence émotionnelle pour être en mesure de faire face aux différents types de personnalités dans une organisation.

L'intelligence émotionnelle est généralement assimilée à des "compétences relationnelles". L'intelligence émotionnelle n'est pas seulement une question de compétences humaines, bien qu'une grande partie de l'intelligence émotionnelle soit nécessaire pour aiguiser les compétences humaines. Le leadership exige de nouer et d'entretenir des relations avec diverses personnalités. Seul un leader doté d'une grande intelligence émotionnelle peut forger des relations solides avec son équipe et les entretenir. Une intelligence émotionnelle élevée permettra à un leader d'entrer en relation avec diverses personnalités tout en motivant chaque membre de l'équipe à atteindre l'objectif de l'organisation.

Le leadership requiert une intelligence émotionnelle, surtout en période de conflit et de pression. Les conflits et les problèmes surgissent sous toutes sortes d'angles. Des conflits internes peuvent surgir lorsque des membres de l'organisation se battent entre eux. Pour faire face à de tels problèmes, un leader a besoin d'une intelligence émotionnelle pour garder le contrôle de ses émotions. En période de pression extrême, les dirigeants doivent être capables d'éviter les explosions. Un bon leader doit être capable de mettre les choses en perspective plutôt que de succomber à des débordements émotionnels. La gestion d'une équipe de personnalités diverses est gérable lorsqu'un leader possède la bonne dose d'intelligence émotionnelle. Un leader empathique qui est attentif à tous les membres de l'équipe possède suffisamment d'intelligence émotionnelle pour affronter les membres en difficulté de l'organisation sans rompre les relations. L'intelligence émotionnelle du leader lui permettra d'aider le membre à problème à exprimer ses sentiments de manière saine.

La prise de décision est une autre tâche de leadership qui requiert une immense intelligence émotionnelle. De nombreux facteurs influenceront la décision d'un dirigeant, notamment des facteurs externes, des critiques et des situations imprévues. Un dirigeant doté d'une intelligence émotionnelle aura le bon sens de peser le pour et le contre de toute situation avant de prendre une décision. Les dirigeants dotés d'une intelligence émotionnelle sont suffisamment capables de prendre des décisions rapides et réfléchies. Les dirigeants doivent être émotionnellement intelligents pour prendre des décisions indépendantes, sans être influencés par des facteurs inutiles. L'intelligence émotionnelle est nécessaire pour voir clairement et objectivement ses forces et ses faiblesses, surtout les siennes. Les dirigeants ont besoin d'un bon aperçu de leurs atouts et de leurs faiblesses afin de prendre une décision et, éventuellement, d'y donner suite.

Exercer et améliorer son intelligence émotionnelle pour le leadership

L'intelligence émotionnelle peut se développer et s'améliorer au fil du temps. L'une des premières étapes serait de pratiquer la conscience de soi dans la gestion du stress.

Reconnaître les différentes émotions que vous ressentez lorsque vous êtes sous pression et stressé vous permettra de les gérer plus facilement. En étant conscient des différentes émotions qui lui passent par la tête, une personne comprendra facilement les émotions avant qu'elles ne dominent ses pensées, ses paroles et ses actions. La conscience de soi consiste à reconnaître ses propres sentiments et pensées, mais elle peut être développée avec l'aide des autres. Sollicitez l'avis des personnes qui vous entourent - supérieurs, collègues, etc. Il est également important d'obtenir un retour d'information de la part d'autres personnes afin de reconnaître l'impact de vos émotions et de vos actions sur les autres. C'est important pour améliorer la dynamique et les relations de chaque membre. Si le leader peut pratiquer la conscience de soi, il peut donner le bon exemple à toute l'équipe.

Une partie de la connaissance de soi consiste à connaître ses forces et ses faiblesses. Vous ne pouvez pas être trop humble pour minimiser vos forces ; c'est tout simplement de la fausse humilité. Un dirigeant émotionnellement intelligent doit comprendre l'importance de reconnaître les efforts sans se vanter. D'autre part, on ne peut pas être trop arrogant sur les réalisations et les points forts. Une auto-évaluation complète de ses forces et de ses faiblesses demande du courage et de l'honnêteté. En ce qui concerne la conscience de soi, on peut aussi commencer à améliorer l'intelligence émotionnelle par l'autoréflexion.

Remarquez comment vous réagissez à certaines situations, notamment celles qui sont stressantes. Vous cassez facilement avec une attaque? Vous frappez facilement vos collègues? Ce sont les choses que vous devez évaluer car elles font toutes partie de votre intelligence émotionnelle.

Améliorer votre intelligence émotionnelle signifie élargir votre seuil de tolérance aux situations stressantes, qu'il s'agisse d'un conflit interne à l'organisation ou d'une grande quantité de travail. Ces choses ont vraiment une façon de faire payer à une personne, mais ce sont en fait des choses qui déterminent l'intelligence émotionnelle d'une personne. Un leader qui manque d'intelligence émotionnelle s'éloignera et succombera à ces défis. Au milieu de tous ces défis, ne vous contentez pas d'agiter immédiatement votre drapeau blanc. N'abandonnez pas les situations stressantes sans y réfléchir. Apprenez à être conscient de vos propres pensées lorsque vous faites face à ces situations et à les contrôler. Mettez de l'ordre dans vos émotions et prenez de la distance par rapport à elles afin de pouvoir mettre les choses en perspective. Posez-vous la question : "Que puis-je faire et que ne puis-je pas faire?" Examinez le problème sous l'angle des solutions que vous pouvez apporter et laissez tomber les choses qui n'ont pas de solution. Concentrez vos énergies sur les choses auxquelles on peut remédier.

Lorsque vous traitez avec des collègues et des travailleurs problématiques, ne laissez pas vos émotions guider vos décisions et vos actions. La plupart du temps, une carrière est détruite par des relations défectueuses avec les collègues et les subordonnés. Ne lancez pas de diatribes personnelles contre la personne. Si vous avez tendance à exploser immédiatement, éloignez-vous d'abord du problème et évacuez votre colère sans vous en prendre à la personne. Quelle partie du problème est la faute de la personne? Y a-t-il quelque chose qui aurait pu être fait en son nom ? D'autres personnes sont-elles impliquées ? Ne vous concentrez pas trop sur la personne. Il faut plutôt s'attaquer au problème. Lorsque vous avez mis les choses en perspective, parlez à la personne, mais écoutez d'abord son point de vue. Écoutez leurs points de vue sans préjugés, jugements et stéréotypes. L'empathie est très importante en ce moment. Il est important en tant que leader, surtout lorsqu'il s'agit de prendre des décisions concernant les membres de votre équipe impliqués dans le conflit.

Même si l'un des membres de l'équipe est fautif, il vous appartient, en tant que responsable, de veiller à ce que le coupable reconnaisse ses fautes sans se sentir jugé. C'est un indicateur de l'intelligence émotionnelle d'un dirigeant.

Chapitre 4: Bâtir des équipes et des relations fructueuses

Si vous voulez établir des relations fructueuses avec vos collaborateurs, vous devez être en mesure de vous projeter comme étant plus qu'une simple personne ayant de l'autorité. Les gens doivent vous respecter, et non vous craindre. Dans le chapitre précédent, l'empathie et l'intelligence émotionnelle ont été longuement discutées. Vous devrez utiliser ces deux éléments pour établir une base stable pour vos relations avec les membres de votre équipe. Cela commence aussi par avoir une bonne relation avec soi-même. Cela signifie qu'il faut apprendre à se connaître, à connaître ses forces et ses faiblesses, son potentiel d'amélioration et sa façon de réagir dans diverses situations. Une fois que vous vous êtes familiarisé avec votre personnalité, il vous sera possible de gérer la personnalité des autres.

En outre, pour établir une relation fructueuse avec votre équipe, il faut notamment découvrir ce qui motive chacun d'entre eux afin qu'ils puissent être plus productifs et, en fin de compte, trouver par eux-mêmes leur croissance et leur épanouissement personnels.

L'un des devoirs du dirigeant est de rendre l'ensemble de l'organisation constamment productive. La productivité est certainement importante dans une organisation qui recherche un avantage concurrentiel et fructueux. La productivité est basée sur le travail individuel et le travail d'équipe, qui peuvent tous deux être abordés par le biais de la formation d'équipes. Le team building est censé produire un groupe d'individus travaillant ensemble pour exécuter différentes tâches. Il faut de la confiance et une forte dynamique d'équipe pour exécuter ces tâches.

Qu'est-ce qui fait la force d'une équipe ? Une équipe forte doit avoir un objectif commun. Une équipe peut être composée de membres qui remplissent différentes fonctions, mais ils doivent toujours avoir un objectif principal pour pouvoir s'appeler une équipe. Les membres de l'équipe sont censés accomplir les tâches qui leur sont assignées, mais ils doivent compter dans une certaine mesure sur les autres membres pour atteindre l'objectif commun. Ils s'aideront mutuellement si nécessaire pour atteindre les objectifs communs. Même s'ils ont des objectifs individuels, leurs objectifs individuels doivent être alignés sur les objectifs communs. La coopération doit être ancrée dans chaque membre de l'équipe à tout moment.

Les sessions de team building doivent établir les objectifs de l'équipe, reconnaître les problèmes qui empêchent l'équipe d'atteindre ces objectifs et proposer des moyens pour que toute l'équipe atteigne ces objectifs. Des directives existent pour l'établissement de sessions de consolidation d'équipe, mais la manière dont chaque session est conçue dépend toujours de la taille et de la nature de l'organisation. Par exemple, les équipes de projet ont tendance à changer constamment de composition. Dans ces circonstances, les activités de consolidation d'équipe devraient se concentrer sur les compétences de chaque individu qui lui permettront de devenir un membre efficace de l'équipe. Dans une équipe dont les membres sont relativement permanents, l'accent sera mis sur la façon dont chaque membre de l'équipe est en relation avec les autres. Les relations entre les membres de l'équipe auront un impact direct sur leur productivité. Par conséquent, la nature de l'équipe doit être examinée avant de concevoir une session de renforcement d'équipe.

L'objectif de la planification de la constitution d'une équipe doit être de faire prendre conscience à chaque membre de l'équipe du sérieux de ses tâches. Chaque membre doit également savoir pourquoi il ou elle participe à l'organisation. À la fin de la formation de l'équipe, il convient de leur rappeler leur rôle dans l'organisation.

Lorsque vous planifiez des activités de team building, assurez-vous que certaines activités sont liées aux tâches que les personnes accomplissent normalement. Il ne s'agit pas forcément d'une compétence entièrement technique, mais d'activités qui facilitent la dynamique d'équipe tout en utilisant leurs compétences. Par exemple, les responsables marketing peuvent participer à une activité de team building où ils s'organisent en équipes et reçoivent une certaine somme d'argent pour acheter certaines choses. Ils doivent ajuster le budget sans compromettre la qualité de leurs articles et les contraintes de temps. En fin de compte, les participants doivent se rendre compte qu'ils doivent penser comme leurs clients.

De plus, le fait de travailler en groupe sur cette activité encouragera un brainstorming productif.

Les activités de team building devraient également se concentrer sur la résolution des conflits. Bien qu'un chapitre soit prévu à cet effet, il est utile de discuter de la résolution des conflits en termes de renforcement de l'esprit d'équipe. Différents types de conflits vont tourmenter les membres de l'équipe et menacer leurs relations. Chaque membre doit être doté des compétences nécessaires pour gérer les conflits afin d'assurer une relation harmonieuse entre lui-même, ses dirigeants et les personnes avec lesquelles il traite régulièrement.

Le conflit n'est pas la ruine totale d'une organisation. Elle peut faciliter la génération d'idées brillantes et le renforcement des relations, à condition que le conflit soit bien géré.

L'un des moyens les plus judicieux de gérer les conflits consiste à améliorer les lignes de communication entre les membres de l'organisation. Vous pouvez diviser votre équipe en paires et laisser chaque paire se positionner dos à dos. Une personne doit tenir un papier et un crayon tandis que l'autre tient une image de manière (définie ou abstraite). La personne qui tient l'image doit décrire la forme à la personne avec le crayon et le papier, en donnant autant de détails que possible. Les paires sont soumises à une limite de temps. Une fois le minuteur éteint, les paires doivent comparer leur représentation avec la forme originale. Comment la personne qui a dessiné l'image a-t-elle décrit la forme? A-t-elle été bien décrite? La personne qui a dessiné l'image avec le papier et le crayon a-t-elle été assez précise? Y a-t-il eu des problèmes de communication? Ce sont les questions que la résolution des conflits devrait aborder.

Les conflits naissent souvent d'un manque de confiance, grand tueur de l'esprit d'équipe. Si vous organisez un séminaire de team building dans un grand espace, vous pouvez faire cette activité. Pour ce faire, répartissez les objets comportant des obstacles (par exemple, des cônes, des chaises, des boîtes, des blocs, des tables) dans la pièce. Encore une fois, assignez l'équipe par paires.

En tant que responsable, notez que cette activité vise à résoudre les problèmes de confiance.

Par conséquent, vous pouvez regrouper deux personnes qui ont des difficultés à se faire confiance. Faites plier une personne à l'aveuglette et gardez l'autre personne hors de la "zone d'obstacle". Placez la personne aux yeux bandés au milieu de la zone et laissez l'autre personne lui donner les instructions pour sortir de cette zone. La personne aux yeux bandés ne peut en aucun cas parler ou s'exprimer. La personne qui a les yeux bandés doit éviter les obstacles qui l'empêchent de sortir. Laissez chaque paire élaborer une stratégie pendant quelques minutes avant de commencer, mais uniquement sur la façon de communiquer pendant le jeu. Ne les laissez pas voir la zone.

Les dirigeants doivent faciliter la solidarité, même en dehors des sessions de team building. En tant que dirigeant, vous devez être capable d'identifier s'il existe des obstacles qui empêchent les gens de travailler ensemble. Certaines équipes, surtout les plus grandes, ont tendance à se diviser en petits groupes et en équipes. Les dirigeants doivent être capables de suivre ces choses et de reconnaître la cause, qu'elle soit insignifiante ou grave. Parfois, la cause peut être aussi insignifiante que les différents codes vestimentaires des ministères. Si c'est la cause du conflit, un code vestimentaire doit être imposé à tous les membres de l'équipe.

Ce phénomène est très fréquent dans les grandes organisations (par exemple, le service marketing entre en conflit avec le service des ressources humaines, une succursale se plaint du bureau central, etc.) Les dirigeants en poste seraient tentés d'accueillir une fonction sociale d'entreprise pour éradiquer ces frontières, mais ce plan peut être contre-productif s'il n'est pas correctement planifié. Par exemple, lors d'un pique-nique d'entreprise où tous les employés sont invités, ils peuvent continuer à chercher leurs amis et à faire partie de la clique. Pire encore, cela peut déclencher une bagarre puisque tous les employés sont au même endroit.

Si vous souhaitez améliorer les relations entre les membres ou les collègues, vous pouvez commencer par identifier les obstacles ou les marqueurs qui divisent les gens avant de les réunir lors d'une séance de consolidation d'équipe ou d'une fonction sociale. Dressez la liste des conflits spécifiques entre les membres de l'équipe et résolvez-les avec les personnes concernées. Par exemple, les cliques au bureau peuvent être causées par des barrières linguistiques et culturelles. FI: c'est le cas, vous pouvez occasionnellement regrouper des personnes de races différentes pour certaines tâches.

Encourager la transparence et l'honnêteté dans les différents services, mais aussi très technique. Parfois, l'écart se creuse lorsque deux groupes différents sont chargés de travailler ensemble, mais l'un d'eux utilise des termes de jargon lorsqu'il s'adresse à des non-experts. Découragez cette attitude chez les employés, en particulier le personnel technique.

Les membres de l'équipe sont plus susceptibles d'avoir des relations solides les uns avec les autres s'ils ont une bonne relation avec leur chef. Au fur et à mesure que votre équipe établit des relations, orientez et contrôlez-les en conséquence. Le fait de savoir qu'ils ont un leader qu'ils peuvent consulter et comprendre leur donnera confiance et leur permettra de nouer des relations avec leurs pairs.

La constitution d'une équipe est un processus continu. La détermination de votre succès ne se fait pas en une seule séance. Et, toute organisation cherchant à rester en forme devrait toujours chercher à renforcer ses équipes. Cela ne peut se faire en une seule séance de team building. En fin de compte, les dirigeants doivent se rappeler que la constitution d'une équipe est un processus à long terme. Les gens rejoignent généralement une organisation dans l'espoir d'y rester le plus longtemps possible, en quête de croissance et de réalisation de soi.

Dans cette optique, le dirigeant doit s'attacher à faire de la constitution d'équipes un processus continu et permanent. Il est inutile d'établir un processus de team building juste pour revenir à des activités normales comme si les activités de team building n'avaient jamais été faites. Au fil du temps, les activités de consolidation d'équipe devraient être modifiées en fonction des compétences, des forces et des faiblesses des membres. Les activités de team building doivent être planifiées en fonction des résultats des précédentes sessions de team building. Il ne faut jamais supposer que le succès de la construction d'une équipe ne s'arrête pas à une seule session. Les équipes et les relations organisationnelles doivent être constamment entretenues si l'on veut qu'elles restent à la fois progressives et stables.

Chapitre 5: Gérer efficacement les moments difficiles et les conflits

Même les meilleurs dirigeants sont obligés de trouver des obstacles en cours de route. En fait, les dirigeants n'ont pas la tâche facile car leur position les soumet à un examen public constant. Chaque erreur qu'ils commettent est amplifiée, et parfois les dirigeants ont l'impression d'être tirés dans tous les sens. Les erreurs sont inévitables car le leadership est un processus d'apprentissage. On fait des erreurs, on en tire des leçons et on les surmonte.

Il est toujours bon de se préparer lorsque l'on se lance dans quelque chose - passe-temps, carrière, activité, etc. Le leadership n'est pas différent. En matière de leadership, il y a quelques points à retenir pour se préparer à affronter les écueils.

L'un des pièges que les dirigeants doivent éviter est le manque de concentration.

Le fait de diriger ne signifie pas que vous assumez toutes les tâches ou que vous êtes tenu de tout savoir. En tant que dirigeant, il vous appartient de motiver votre équipe et de rationaliser toutes les activités pour atteindre un objectif commun. Il vous appartient de mener votre équipe dans la bonne direction. Votre équipe vous regardera et vous fera confiance pour la diriger. Vous pouvez leur demander de faire certaines choses par eux-mêmes, mais il est de votre devoir, en tant que dirigeant, de leur donner des directives. Il est facile de perdre de vue l'objectif, car en tant que dirigeant, vous devrez entreprendre un ensemble de tâches diverses. Souvent, il est facile de se perdre au milieu de toutes ces tâches. Les dirigeants doivent toujours se rappeler qu'avant d'exécuter une tâche ou de faciliter une activité, ils doivent s'assurer qu'ils sont alignés sur l'objectif final commun.

Le deuxième obstacle est dangereux. De nombreux aspirants dirigeants commencent par la promesse de servir plutôt que d'être servis et de faire passer le bien-être des autres avant le leur. Mais il est difficile de rester en haut en termes de gestion du pouvoir. Le pouvoir peut rendre un leader ivre. Les dirigeants jouissent de privilèges et de prestige. Lorsque vous êtes au sommet, vous pouvez facilement vous faufiler dans votre propre agenda et le faire passer avant tout le groupe. Les dirigeants doivent éviter ce piège car, même s'il peut sembler séduisant au premier abord, il finira par être destructeur pour l'ensemble de l'organisation. Lorsque l'organisation s'effondre, c'est généralement le chef qui est le premier à en porter la responsabilité. Il est particulièrement tentant, dans les moments difficiles, de se mettre au premier rang de ses priorités. Les politiciens corrompus tombent dans ce piège. Cependant, ils ne connaissent généralement pas de fin heureuse. Il y a beaucoup de servitude dans le leadership. Placez toujours votre organisation et votre cause au-dessus de votre agenda personnel.

Les bons dirigeants ont les yeux d'un faucon quand il s'agit de détails. Ils s'assurent que tous les détails sont réglés et que les petits problèmes sont résolus. C'est certainement un bon trait, mais si cela va trop loin, le dirigeant peut avoir tendance à microgérer les choses les plus petites et les plus inutiles. Comme mentionné précédemment, les dirigeants ne doivent pas effectuer toutes les tâches de leur équipe. En fait, il peut y avoir certains éléments techniques dont le dirigeant ou le gestionnaire n'est peut-être pas conscient. Parfois, un dirigeant doit laisser les choses aller afin de se concentrer sur des choses plus importantes. Lorsque les dirigeants se concentrent trop sur des détails inutiles, ils perdent de vue la situation dans son ensemble. Cela les expose également au risque de perdre leur concentration, ce qui les ramène au premier problème. Les dirigeants doivent apprendre ce qui est important afin de savoir sur quoi se concentrer.

Comme les leaders sont censés diriger l'ensemble de l'équipe, il existe une notion selon laquelle les leaders sont infaillibles. Parfois, cela va à la tête de certains dirigeants.

Lorsqu'ils font une erreur ou prennent une mauvaise décision, ils peuvent la prendre personnellement ou refuser de la reconnaître. Ces deux réactions sont malsaines car, en réalité, les dirigeants peuvent toujours faire des erreurs. Le leadership est un processus d'apprentissage.

Tout ce que vous savez au départ ne s'appliquera pas à votre contexte. Vous devez procéder à des ajustements de vos jugements. Parfois, on ne s'en rend compte que lorsqu'on fait des erreurs. Il faut naturellement éviter les erreurs, mais une fois qu'elles sont commises, il faut les reconnaître. Les dirigeants doivent accepter leurs erreurs afin d'en tirer des enseignements et de prendre de meilleures décisions la prochaine fois.

Les dirigeants se heurteront à des problèmes qu'ils n'ont peut-être jamais rencontrés auparavant. Certains de ces problèmes peuvent n'être que de légères variations des problèmes qu'ils rencontrent normalement.

D'autres sont complètement différents, ce pour quoi ils n'ont pas de solutions immédiates. Quelle que soit la nouveauté de ces problèmes, les dirigeants doivent toujours être prêts à s'adapter à toute situation pour la survie de leur organisation. Les conférences, séminaires et ateliers n'en viendront qu'à un point. Toutefois, elles n'apporteront pas de solutions à tous les problèmes. Les grands dirigeants ont la capacité de faire face aux circonstances imprévisibles qui les attendent.

La capacité à accepter le changement est l'arme essentielle de tout dirigeant pour orienter l'organisation dans la bonne direction, même s'il perd de vue son chemin en cours de route.

Les dirigeants ont besoin de bon sens, de créativité et d'ingéniosité pour s'adapter à des circonstances imprévisibles. En outre, l'adaptation au changement consiste en partie à se défaire de mentalités inefficaces. Les bons dirigeants font confiance à la structure conventionnelle, mais ils savent aussi quand lâcher prise lorsque celle-ci ne fonctionne pas dans certaines circonstances. Les dirigeants doivent être critiques à l'égard des anciennes et des nouvelles mentalités afin de rechercher constamment de meilleures façons de faire les choses.

Le manque de communication est un autre problème courant que les dirigeants rencontreront. Même les plus expérimentés ne sont pas épargnés. Les nouveaux dirigeants sont confrontés à des problèmes de communication parce qu'ils sont encore en train de se familiariser avec leurs équipes. Les dirigeants expérimentés peuvent rencontrer des problèmes de communication lorsqu'ils deviennent trop complaisants et refusent d'écouter leur équipe, pensant qu'ils savent déjà comment gérer les choses. Le succès d'une organisation dépend en grande partie de l'interaction de ses membres.

Compte tenu de l'évolution des temps et des circonstances imprévisibles, le moyen le plus sûr de gérer la dynamique d'une organisation est de maintenir les lignes de communication ouvertes et impartiales autant que possible. Les dirigeants doivent s'efforcer de faire comprendre à leur équipe que, même si elle n'est pas toujours d'accord avec tous ses membres, elle reste accessible et ouverte au dialogue communicatif.

Une direction forte et respectable ne signifie pas que les défis et les obstacles ne se présentent pas. Cela signifie simplement que le dirigeant possède les compétences nécessaires pour surmonter ces obstacles. En fait, ce sont ces obstacles qui déterminent si le dirigeant mérite ou non les privilèges et les responsabilités.

Gestion des conflits / Gestion des conflits

Dans la gestion des conflits, des lignes de communication ouvertes sont votre médecine et un remède préventif fiable. Avant même que les conflits ne surgissent, les dirigeants doivent déjà créer un environnement dans lequel chacun est libre d'exprimer son opinion de la manière la plus appropriée et la plus respectueuse. Les dirigeants doivent encourager des discussions saines lors des réunions et même dans les conversations informelles. Cela inclut tous les membres de l'organisation, sans distinction d'âge, de sexe, de race et de rang.

Même s'il y a des désaccords, le respect ne doit pas être perdu dans les discussions. Chacun doit être encouragé à s'adapter aux différences des autres.

Lorsqu'un conflit existe déjà, les dirigeants doivent faire le premier pas pour identifier et comprendre la racine du conflit. Aucun jugement sévère ne doit être rendu avant que toutes les parties ne soient entendues. Les dirigeants doivent également souligner que l'objectif de la compréhension du conflit est de le résoudre, et non de le rendre plus important. Toutes les parties concernées devraient être encouragées à se concentrer sur la résolution, et non sur un conflit majeur. Encourager la résolution saine des conflits pour améliorer et renforcer la dynamique de groupe, accroître le respect mutuel et acquérir une meilleure perspective sur les objectifs communs de l'entreprise.

Dans la résolution des conflits, les dirigeants doivent se garder de jouer au jeu des reproches. Ils peuvent le faire en séparant la personne du problème. Une personne peut causer un problème, mais cela ne donne à personne (y compris au chef) le droit de l'accuser d'être le problème. Les dirigeants qui savent séparer les problèmes des gens éviteront de causer des dommages permanents à la relation.

L'écoute est un élément essentiel de la résolution des conflits. Le chef doit comprendre d'où vient chaque camp. Ils doivent avoir le droit de défendre leur propre position sans offenser l'autre partie. Dans le cadre de ce processus, le chef doit faciliter la clarification des faits. L'objectivité est exigée du leader en tant que facilitateur. En même temps, il doit être à l'écoute des intérêts de chaque partie. Cela permettra de mieux comprendre pourquoi les parties concernées prennent un tel parti.

Une fois que toutes les parties se sont exprimées, le dirigeant doit consolider toutes les informations présentées et clarifier tous les faits présentés à tous. Une résolution ne peut être formée si tout le monde n'est pas d'accord avec les faits. Résumez les déclarations de chaque partie et clarifiez leurs sentiments.

Une fois que tout le monde est d'accord sur le problème, chacun peut réfléchir à des solutions possibles. Les dirigeants doivent garder à l'esprit qu'il existe différentes façons de résoudre un problème. La plupart du temps, toutes les parties concernées doivent s'engager à se rencontrer à mi-chemin. Il y a des moments où la position de l'autre partie doit vraiment devenir impopulaire, surtout si cette position marche sur quelqu'un d'une manière ou d'une autre. Il existe également des solutions qui donnent à toutes les parties ce qu'elles veulent sans risque d'un nouveau conflit. Les dirigeants ont leur propre style de résolution des conflits. Il y a des dirigeants qui essaient d'éviter tout conflit, tandis que d'autres font face au problème pour y mettre fin. Quel que soit le style, il doit également être adapté au problème posé.

Lorsque la résolution a été négociée, le dirigeant et les parties concernées doivent trouver des moyens de prévenir le conflit à l'avenir. Cela devrait également permettre de renforcer les relations entre collègues.

Les dirigeants ne doivent pas craindre les conflits, car ils peuvent présenter des occasions de réévaluer les objectifs et de renforcer les relations. Tant que le dirigeant est armé de solides compétences en matière de gestion des conflits, il ne doit pas être une source de tension nuisible.

Visitez notre site web! Obtenez d'autres livres de MENTES LIBRES!

https://www.amazon.fr/MENTES-LIBRES/e/B08274DDV4?ref_=dbs_p_ebk_r00_abau_000000

Si vous le souhaitez, vous pouvez laisser votre commentaire sur ce livre en cliquant sur le lien suivant afin que nous puissions continuer à nous développer! Merci beaucoup pour votre achat!

https://www.amazon.fr/dp/B089B4ZMXV

www.ingramcontent.com/pod-product-compliance
Lightning Source LLC
Chambersburg PA
CBHW051538240526
45465CB00027B/685